Aimer

Love

Lol Amour

Aimer Love

Nouvelle **Mentions**

légales .

Édition : BoD – Books on Demand, info@bod.fr
Impression : BoD – Books on Demand, In de Tarpen 42, Norderstedt (Allemagne)

Impression à la demande

ISBN : 978-2-3225-0394-0

Dépôt légal : Novembre 2023

L'amour est un bonheur éphémère

CHAPITRE 1

Deeply in love of…

The ultimate value, the extrem value is love.

The best intention of Human feelings is love.

You love a person But you can love a person

who don't love you. It's the complexity of

our life

Find the true love

It's impossible.

Un jour, il naquît. Il franchit la première étape de sa vie dans cet atelier. Le bronze était coulé. Les fleurs de plume l'étouffaient.

En bref, ce n'était pas le grand amour.

Il naît dans un pays froid et sale. La poussière de pierre lui brûlait le crâne.

Puis arriva sa maman, sa grand-mère et toute sa famille. Sa grand-mère lui présenta sa famille. Aurore vint au monde et devinrent comme deux jumeaux, les meilleurs amis, comme deux frères et sœurs.

Le temps passe. Sa grand-mère maternelle avait un restaurant. Il commença à aider sa famille, l'art de la gastronomie. Ses cousins, Aurore et Amour commencent à chaque vacances à travailler. Dans les bois, ils ramassaient les mûres. Le restaurant était complet en été, alors beaucoup de travail. Aurore et Amour voulaient déjà être adultes. Ils fumaient des clopes, ils allaient dès 14 ans en discothèque. Ils jouaient de la musique. Aurore choisit le piano et Amour le violon. Leur première rencontre, leur premier amour n'était pas destiné à être l'amour de leur vie. Ils n'allaient pas trop vite. Ils flirtaient. Pour Amour, un simple baiser le rendait heureux.

Ces amours étaient des scènes qui resteront gravées dans sa mémoire comme les marques de la vie où le bonheur prend place et l'amour brûle.

Aurore et Amour n'étaient pas mauvais à l'école. Ils ont eu le Bac. Ils ont fait les mêmes études.

Peu à peu, Amour grandit.

Patience,

Amour,

Tendresse.

La famille était nombreuse.

Il y avait plus de filles que de garçons. Ils partageaient beaucoup de choses.

Sa meilleure amie savait tout de lui. Même s'ils voulaient partir, ils ont choisi comme point de chute : Paris, la ville lumière.

Après réflexion, à présent, il se dit que la télé est une fiction. Tout est créé et c'est le septième art, le cinéma qui est inaccessible voire impossible. Il n'a pas choisi la comédie ou le théâtre. Il a choisi le droit : Pourquoi ?

Il voulait une profession stable même s'il y a beaucoup de risques. Il n'a pas eu peur du risque. Il a fait les grandes écoles parisiennes. Cela fut une grande récompense plus tard, même du prestige.

Qu'est-ce que l'amour ?

L'Amour de sa maman, de son papa, de ses aïeuls…Puis la fin de sa vie avec l'amour passion, l'amour toujours, l'amour ami, l'amour amant qui générera des enfants…Mais combien ? Serait-ce un fils ou une fille ?

L'Amour pose son oxymore lorsqu'il devient la haine.

The true love, a real value:
where is it?

La dernière de ses cousines fut le bonheur de sa vie : elle s'appelle Marion. Il l'a vu grandir. Elle lui redonna envie de vivre. Il arrêta de fumer, la vie devenait bonheur. La lucidité de Marion l'aidait beaucoup. Il revivait.

Il a passé beaucoup de temps avec sa famille maternelle. Sa famille maternelle est italienne. Ils vivent en Italie à Venise. C'est un pays coloré et chaleureux. Il y a le carnaval de Venise en février où tout le monde se costume. C'est le bal de l'amour. Une coutume qui fête l'amour.

L'individu caché par ce masque prouve que le vrai amour doit être caché ?

L'Italie, c'est aussi une gastronomie : les pizzas, les pâtes, le risotto, les cannellonis, les gnocchis et les carpaccios ainsi que les lasagnes et le tiramisu avec le café expresso et la grappa.

Un vin rouge frizzante : le lambrusco…

What's the best intention? the true life is difficult. You must accept your family. You must be respect and tolerant. You must be intelligent and fit. You must be beautiful and smiley. It's difficult. It's the contradiction of the human feelings. The reality is an imperfection. That's why the life is a fight.

A 6 ans, maman inscrit Amour au violon et à la danse. Il commençait à apprendre mais il n'éprouvait la passion de sa vie qu'en l'exerçant en équipe. Une équipe c'est quoi. C'est travailler ensemble. Chaque équipe a pour quête vaincre, faire ce qui peut apporter du prestige, du bonheur voir révéler un vrai talent soit in fine être vainqueur. Il est perfectionniste. Alors il exige plus sur lui et sur les autres et il n'est jamais satisfait de son travail. Artiste n'a pas été sa quête mais le destin en a fait son métier. Sa chance, c'est que son équipe, c'est sa famille. On constate qu'une équipe peut apporter une réelle cohésion sociale et un bonheur universel comme l'a prouvé le gain de la coupe du monde de football par la France. C'est une union nationale et un bonheur ultime.

Alors après le talent et l'amour de la réussite sociale, nous sommes en été, donc je me pose la question où partir en vacances ?

Son voyage en chine doit se préparer pour découvrir une civilisation parfaite selon ses critères. Le bronze et le bleu saphir, le bleu turquoise du tibet, le livre secret du samouraï : hagakuré, la soie qui inhère le papier, le thé, le bronze et le chien le show show qui a tout du tigre. La force de la chine, c'est son inventivité et sa force du bronze qui permet de créer la poudre à canon. Le requin est à Hawaï. L'or est en Australie. Pour y aller, ils nous risquent d'attraper le typhus, l'hépatite, la rage et la fièvre jaune. Pays parfait pour un départ en hiver à Shanghai.

Avant de franchir la Chine, il faut savoir qu'est-ce que l'Italie et pourquoi il veut tout connaître de la Chine alors qu'il n'en a aucune origine. L'Italie est un grand pays. Rome est la capitale, le berceau du christianisme. Le pape a sa propre cité au sein de Rome. Un autre monument occupe Rome, c'est le Colysée. Lors de la cité au temps de césar, l'amphithéâtre était le centre de jeu : des jeux et du vin. César fut un grand empereur et son empire développa sur toute l'Europe une culture romaine et latine, le latin langue de Dieu fut la langue universelle avec le grec. Notre langage a désormais pour racine le latin. La culture italienne est toujours présente en France de nos jours. On enseigne l'italien à l'école. Beaucoup d'immigrés italiens vivent en France. Le Grand père d'amour était italien de la province de Treviso situé au nord de l'Italie limitrophe à Venezia. Le berceau de léonard de Vinci. Un pays idyllique architecturalement et Venise se décrit comme une île romantique, le berceau de l'amour, riche en couleurs et en monuments prestigieux. Tout entouré d'eau, on en fait le tour en gondole. C'est les palais vénitiens le long de l'eau, créés par l'architecte Andréa Palladio. C'est absolument magique.

C'est une culture agricole et viticole. Son grand père a rencontré sa grand-mère dans cette province. Sa grand-mère avait des cousines à sa mère dans ce pays. Elle allait en vacances en Italie et une branche de sa famille vivait là-bas. Ses grands-parents se sont mariés à Campo di Pietra. Lorette est née et sa maman. Mais sa maman était souffrante et la vie pour un immigré était difficile en Italie. Mémère est rentré et est revenu à Ronchamp. Alors elle a trouvé un travail à pépère et elle a été aidée par sa cousine pour monter cette affaire et elle a fait construire le restaurant. Elle a commencé par un café sandwich puis le restaurant et l'hôtel qui est maintenant trois étoiles Michelin puis logis de France. Cela fut un lourd labeur pour ses quatre filles. Car elle a eu ensuite Anne-Marie puis Valérie.

La vie à l'italienne, c'est une culture. La religion, la gastronomie et la mode sont les trois passetemps que tous les jours, je pratique selon cette culture.

La mode à l'italienne, c'est des courants qui font la tendance qui influencera la France. Les couturiers italiens sont de grand ponte de la mode. La mode est une manière de se distinguer. Elle caractérise une classe. Pour les femmes, la mode est une marque de goût et de style qui fera toute la classe d'un homme et d'une femme. La mode a une histoire cyclique, les tendances renaissent du passé pour être « in ».

La mode est une tendance qui fait renaître des styles comme la fourrure, le velours ou le cuir en sont le goût universel. Et certains styles sont indémodables. La mode est diverses tendances qui cycliquement renaissent. Chacun s'habille selon le temps, la situation, ses préférences et l'événement.

C'est paraître et affirmé son style : par ex : sportif, smart, bobo. La mode italienne est au top et est très accessible. La mode est un art et les couturiers français comme Christian Lacroix ou Karl Lagerfeld sont des artistes qui ont su faire des défilés marquants et méritent respect pour des œuvres sur des tissus nobles et prestigieux.

Chapitre 2 :

Amour de ses

proches

A l'âge adulte, il a commencé à avoir de vrais amis. Il dépendait d'eux et il était heureux en leur présence. Ils sont devenus sa deuxième famille car il y avait un réel respect et leur but était le même. Ils étaient tous étudiant en droit. Pourquoi ? Pour devenir avocat puis avec l'expérience des diverses règles et de l'étendu de la matière, il se destinait au métier de commissaire-priseur. Ses proches étaient ses amis de fac qui étaient nombreux. Il forme très vite une équipe pour travailler ensemble. Ils formèrent une équipe de 5 mais ils ne furent qu'une minorité à persévérer dans le droit et à réussir. Il passe son temps avec ses proches à étudier, faire la fête ou aimer. L'amour de ses proches est des amis avec qui on partage notre expérience, on progresse, on mûrit.

Chapitre 3

Amour de son compagnon

L'Amour avec un grand A comme on le dit si bien. Selon mon âge, j'ai éprouvé un amour différent et unique qui n'avait rien de censé ou constructif. On appelle cela les aventures. Beaucoup de personne à partir de l'âge adulte et surtout chez les hommes, ne pratique le sexe que par pulsion ou pour répondre à ses envies. Il ne cherche pas à construire une histoire et appelle cela sexfriends. Les femmes le pratique de plus en plus, la femme moderne ne veut plus supporter les défauts d'une vie à deux et pratique le sexe par pulsion. A partir de la trentaine, une femme n'ayant pas eu une grossesse à temps commence à s'affoler et de là, ils arrivent que certaines femmes choisissent un homme par dépit.

J'ai observé que beaucoup de couples se marient par défaut d'amour mais dû à une grossesse accidentelle ,certaines femmes ne se marieront pas avec leur prétendant. Il est difficile de trouver une saine relation. Dans chaque région, il est possible qu'on ait déjà eu dans sa famille et dans le passé une relation avec cette personne ce qui crée du dégoût, voire une panne et cela rend stérile et au pire une grossesse incestueuse.

Chapitre 4 Amour de son amoureux

Aimer son amant, son ami, son compagnon. Vivre à deux. Qu'est ce que le grand amour ?

J'ai longtemps cru au Grand amour. L'amour unique parfait pur et qui nous rend tout aussi triste qu'heureux. On en vient vite aux larmes et on pardonne tout jusqu'à ressentir la haine. J'ai cru très tôt à l'amour avec un grand A. Je pensais qu'une vie était simple et que toute personne possède le pouvoir de construire et d'aimer quelqu'un, d'être deux très vite et pour la vie. Je me suis trompée.

J'ai à présent la trentaine et je suis seule. J'ai tout détruit. Toutes les histoires que j'ai eu, elles n'étaient potentiellement que de la haine. Rien n'était amour, rien n'était construit. Je fais le bilan. J'ai tout ratée. Il y a néanmoins une personne qui reste dans mon souvenir et qui rejaillit de mes pensées assez souvent. Pourtant il n'a rien été dans ma vie. Une ombre. Un homme qui a tout perdu et veut reprendre ses attaches, sa vie, son patrimoine. C'est le début, où arrivant en ce lieu, ce manoir, je n'ai plus vécu de vrai amour, la colère m'envahit, les souvenirs surgissent. Et j'ai beaucoup pleuré. Mais avec la maturité de la trentaine, j'ai décidé d'être heureuse. J'ai mon permis, ma licence, j'ai un travail valorisant. Maintenant que j'ai trouvé une place, je dois atteindre mon but. J'ai décidé de construire une histoire d'amour qui m'apportera le bonheur et renaître. C'est-à-dire, trouver l'âme sœur qui sera le père de mon enfant. Est-ce que c'est lui ? peut-être… Je n'en sais pas plus, je ne peux pas prédire l'avenir.

Chapitre 5 :

Amour de son métier

Par passion, par plaisir ou au contraire par obligation parentale pour prendre la relève, on travaille. On dort beaucoup et on travaille autant. Les études nous permettent dès l'enfance d'ouvrir notre curiosité. Puis la pratique d'un travail, nous révèle nos qualités, notre aptitude pour en contrepartie avoir un gain d'argent.

Je voulais être danseuse de l'opéra. Après l'accident de vélo, j'ai orienté mes capacités vers autre chose. J'ai commencé à travailler au restaurant. Cela se passe bien. Je suis apte. Je décide de poursuivre ma scolarité pour devenir avocat. J'échoue et me réoriente. Après 10 ans d'étude de droit, mon père me propose de travailler. Et je deviens chef d'entreprise et ouvre une boîte de Design. J'ai eu beaucoup de mal à valider mes matières durant mes études. Ce travail avec mon père a été une révélation et m'a permis de construire mon avenir.

Le droit m'a donné des règles et de la rigueur et de la combativité. J'aime mon travail de secrétaire ce qui me donne du temps pour faire autre chose comme l'écriture. J'ai publié mon livre grâce à un ami. C'est que du bien et du prestige.

L'amour de son métier permet l'épanouissement personnel, établit un équilibre et un réel amour de son métier permet de vivre sereinement et de réussir ainsi que d'atteindre ses objectifs.

Un réel goût pour son travail est une passion qui, même par échec si elle a des résultats probants et bons, nous permet de poursuivre même si on échoue. On recommence, on se remet en question et on travaille comme on nous l'a enseigné.

Chapitre 6

Amour pour ses passions

Les activités qu'on pratique régulièrement sont des loisirs qui nous apportent plaisir, réconfort, bonheur et passion. J'ai dès l'enfance pratiqué des passions comme la danse, le violon, le chant, le sport, l'art et la photographie. C'est pour cela que j'aime la vie parce que ses passions m'apportent du plaisir et du bonheur. Les passions nous permettent de fixer des objectifs et d'atteindre un but qui peut apporter confiance en soi et bonheur. Les passions sont le reflet de notre amour. Elles nous permettent d'agir avec amour et de s'épanouir. Notre métier peut être une passion, ce qui nous permet d'aimer ce que l'on fait. Les personnes passionnées sont des personnes de tempérament, des personnes engagées pour une cause, émotionnellement impliquées dans un but. Ce sont généralement des personnes que l'on respecte car elles font les choses avec attention.

Chapitre 7

Amour de soi

S'aimer peut provoquer un mal être si on ne s'aime pas soi-même.

J'ai eu une amie qui ne s'aimait pas alors elle mangeait beaucoup et fumait autant. L'amour de soi est très important mais il peut être important que nos parents et notre vie sociale soit saine pour s'aimer soi-même. L'amour de soi se psychanalyse de nos jours. Si on ne correspond pas aux critères de la mode, on peut ne pas s'aimer et se sentir mal, voire dépressif. L'amour de soi apporte du bien-être et de la confiance en soi. Le regard qu'on porte sur soi-même est vital pour ne pas être dépressif et être heureux. Je porte un regard très critique sur moi-même mais je m'aime quand même. Le respect et la tolérance, l'éducation que nous transmettent nos parents sont vitaux pour que l'amour de soi nous apporte le bonheur et le bien-être.

Chapitre 7 :

L'envie

Le désir, l'envie sont des marques de l'amour. L'envie de l'autre, le désir apporte les prémisses à l'amour. C'est le début. C'est ce qui nous pousse à agir. C'est une sensation cérébrale. On passe notre temps à être envieux. Elle crée même de la jalousie. Elle donne envie d'aller vers l'autre. Elle pousse au jugement et nous donne à réfléchir. Je pourrais me passer de l'envie. Il me pousse à la dépense. Il pousse au regret de ne pas obtenir ce qui nous donne envie. La seule envie positive est lorsqu'on l'assouvit par l'acte sexuel. Notre corps n'est qu' amour. L'envie est la sensation que l'on ressent le plus dans la journée et crée la plupart des prémisses de nos actions et de nos comportements humains. A vrai dire, je m'en passerai bien car la plupart des choses que j'ai envie n'ont pas de finalité ni d'aboutissement. C'est un désir, une sensation inachevée.

Chapitre 8 :

Le bonheur

Le bonheur est une sensation cérébrale qui procure du bien-être, le contraire du mal être. L'homme est heureux par nature. Il recherche le bonheur coûte que coûte. L'amour de l'autre est un bonheur passager que tout le monde recherche. Cette sensation de bien être est le fondement de la vie.

Le bonheur se recherche mais n'est pas toujours au rendez-vous.
La contradiction de la vie impose des difficultés qui font que notre bonheur est souvent passager. On

espère passer une bonne journée, réussir notre vie, passer outre l'échec, la mort et les problèmes. L'esprit positive nos émotions et c'est vrai que même en tant de guerre on arrive quand même à trouver le bonheur.

Chapitre 9 :

Amour haine

L'amour cause du divorce. L'amour devient son oxymore, la haine.

L'amour peut devenir son contraire à chaque fois que notre corps se fait violence. Nous sommes des êtres humains ayant pour composante les végétaux : les plantes. Comme la plante, chez nous tout est éphémère. Le bonheur est passager et notre cerveau subit la vie et repousse les choses par des actes de violence, de haine voir même de monstre. Cela ne ressemble à une vie toute rose, la vie avec les autres personnes nous impose de réagir. Mais on ne peut vivre dans un bonheur éternel, les actes de la vie et nos réactions mutuels nous poussent à la haine. Lorsque la haine est là, c'est une fin, fin de l'amour fin en soi. On ne pourra revivre les choses paisiblement, la violence de l'être a pris le dessus. On peut réagir avec amour puis haine à la fin. On peut oublier le ressenti où complètement rejeter la personne aimée. Ne pas laisser de seconde chance, quitter la personne. C'est un acte de fin. Cela éteint la flamme. On tourne la page ou on supporte, on oublie et on repart vers de nouvelles sensations.

Chap 10:

La sensation de l'amour : la pensée redondante sur une personne : le souvenir

La pensée fait de nous une victime de l'amour. Lorsque le souvenir surgit, nous avons souvent des pensées redondantes qui sont les signes négatifs d'un amour qui nous prend en otage. Mais on ne peut rien y faire. La pensée redondante sur une personne nous fait rejoindre cette personne. Si nous sommes séparés, elles nous torturent. Le souvenir laisse une trace, mais ne nous rend pas forcément heureux. Cette pensée redondante nous étouffe. On espère que cette vision deviendra une réalité. Mais en général, cette pensée nous fait agir pour communiquer avec les autres. La vision répétée de notre entourage nous laisse beaucoup de pensées qui surgissent. Je n'ai cessé de penser à une personne que par son souvenir et c'est lorsque le destin a croisé son chemin que le désir de ces souvenirs s'est éteint. La réalité a pris le dessus.

Chap 11:

Le souvenir : les moments
marquants notre esprit
Le souvenir c'est notre
patrimoine cérébral.

C'est ce qui nous anime, nous réjouit, nous fait peur, nous fait réagir.

Le souvenir de l'amour nous permet de garder la flamme allumée. Le souvenir nous sauvegarde pour le passé, le présent et l'avenir. Le souvenir me trompait. Je ne pouvais agir pour mon présent à cause de mon passé. Le souvenir me tenait l'esprit occupé. Je rêvais de cette pensée pour embellir ma journée. Mais rien n'était vrai.

Chapitre 12 :

L'amour : l'acte sexuel

L'acte sexuel est l'aboutissement de notre amour. On s'unit par un baiser. Le bisou qui nous émeut et nous fait aimer une personne, l'acte qui fait de nous nous qui sommes deux inconnus, un lien un lien d'amour. Deux amoureux iront jusqu'à la fusion de nos corps pour assouvir l'amour pour qu'il devienne une jouissance, un bien être, une fusion éphémère et forte. Mais l'amour n'est pas toujours puissant et émouvant. Il est souvent mal vécu, mal agit, mal réagit. L'homme ne réagissant pas avec noblesse accomplit quelque chose de bestiale sans souplesse ni finesse. Et c'est acte devient presque un viol. Il n'est pas en fusion avec l'autre. La femme n'a pas assouvi son désir de jouissance et c'est raté, c'est mauvais, c'est détestable.

Chapitre 13 :

L'amour : le sentiment,
la sensation de bien être

La sensation de bien-être que procure l'amour nous permet de survivre. Le sentiment de bonheur que nous stimule l'amour est un acte fondamental pour nous permettre de vivre. Il est éphémère mais il est fondamental. La sensation de bien-être est pour une femme un soin qui lui permet d'être belle en forme heureuse et souriante. C'est la raison d'être pour une femme. Elle l'exprime mieux qu'un homme. L'homme est plus brutal. Le bien être des objets, de sa réussite de son travail sont plus probants que celui de l'amour. Une femme recherchera le bien être avec un homme, mais réussir l'acte de bien-être n'est pas une fin en soi. Les êtres humains réagissent de manière contradictoire, ils n'ont pas le même état d'esprit. C'est pour cela que la vie est électrique. Le bien être n'est pas toujours là, c'est le fondement du bonheur et de la vie.

Chapitre 14 :

L'amour des objets

L'amour des objets peut dépasser l'amour de l'homme. Nos attaches à ses objets sont chargées de souvenirs. Le prix que nous pouvons y mettre fait de nos objets notre amour de soi. L'objet doit toujours être de plus en plus beau, de plus en plus utile. Mon père était sculpteur. Il créait des objets en pierre. C'est un monde de création. Les objets nous subliment comme tous ses chefs-d'œuvre qui n'ont pas de prix et

que l'on admire pendant
des heures et nous
apporte du bien-être.

Chapitre 15 :

L'amour de sa famille

On se doit de prendre soin de sa famille. On vit avec elle généralement. Elle nous préoccupe beaucoup. Elle nous tracasse souvent.

Chapitre 16 :

L'amour en période de guerre

La guerre après le mouvement des gilets jaune a créé l'effet maladie Corona. Une Pandémie ou l'homme ne Peut Pas S'approcher, tout le système a buggé. Les commerces et les restaurants sont fermés. L'événementiel est fermé. Seules les usines et les commerces essentiels et l'administration sont ouverts. On ne doit pas s'approcher à plus d'un mètre d'une personne, porter un masque et en cas de grippe, s'isoler faire un test, c'est la corona, un virus qui tue des milliers de gens chaque jour. On ne peut plus voir ses amis, si on n'est pas marié on ne peut plus s'aimer. Internet remplace l'homme. On doit rester chez soi, on ne peut plus se déplacer librement sans une attestation. Moi qui suis restée seule depuis longtemps, je ne peux plus trouver l'amour une fois de plus. Cela devient difficile voire impossible et l'avenir reste incertain. Le baiser serait le conducteur du virus. Après le sida, l'amour est encore touché de plein fouet. Comment faire ? Comment s'adapter ? Quel sera l'avenir ? La guerre est devenue une abstinence sexuelle qui créera beaucoup de perturbations émotionnelles. L'amour n'est pas au rendez-vous et le bonheur est là sans raison valable. L'acte n'est plus là.

CHAPITRE 17 :

LE DROIT À LA LIBERTÉ : LA STATUE DE LA LIBERTÉ

L'Angleterre sauvée de son protectionnisme, la France perdue mais construite et la guerre des pauvres contre l'électricité. Martin Spaar appelé Amour, la construction d'une société ingénue pour sauver le monde de sa pauvreté réelle d'une économie déconstruite plus rapide, sanguine, planante et accidentée. Les souffrants pauvres et la guerre des morts. On ne savait plus. Elysée et Marius sont nés au XXIème siècles en 2021. Deux enfants mal éduqués dans un monde d'argent où leur popularité était faîte pour devenir les futurs dirigeants d'une société secrète d'informatique dans le vieux ch'nord à Roubaix.

Chapitre 18 : Chants Le chant : le petit quinquin

-Dors, Min p'tit quin-quin,

Min p'tit ouchin

Min gros rojin

Te m'fras du chagrin

Si te n'dors point qu'à d'main

1er couplet

Ainsi, l'aut'jour eun' pauv' din- tel-liè-re,

In a-mi-clo-tan sin

P'tit garchon

Qui d'puis tros quarts d'heure,

N'faijot qu'braire,

Tachot d'lin dormir par eun' canchon Ell' li dijot

Min Narcisse,

D'main, t'a ras du pain n'épice

Du chuc à gogo,

Si t'es sache et qu'te fais dodo !

Le chant des vignes

En printemps naît le bourgeon

Puis éclore la fleur

Le fruit se colore

L'été le fait éclore

Le soleil brule

Patience

En septembre tout sera cueillit

Coule coule

Eau de source

Pousse pousse

Grappe de raisin

Alcool de prestige

Couleur de la grappe

Vigne feuillue

Puissance du marc

Beauté du fût

Patience de la mise en bouche

Bulle d'azote

Explosion en bouche

Bulle d'une sotte

Chapitre 18 :

Le racisme Se sentir différent, dans un monde en pleine mutation. Là où la foule s'est entretuée entre les jaunes, les bleus et nos enfants. Les enfants de la République assassinés par le terrorisme. Et la colère du peuple qui a monté pour crier et souffrir de ses blessures, de la crise, du racisme et de la pauvreté. La peur nous habite. Les peuples s'entrechoquent comme deux pierres de différentes couleurs car elles n'appartiennent pas au même continent. On est tous étranger de quelqu'un. On cherche tous le bonheur ailleurs. Alors que la solution serait de vivre la difficulté des situations avec paix, amour et bonheur. Les plaies sont profondes et le choc est réel. La page se tourne mais la marque du temps

bouleverse notre avenir. On n'aura pas
un avenir meilleur et notre violence
nous blessera jusqu'à la mort.

Chapitre 19 :

Le Big Bang de la lune : Lunévia

On n'avait pas prédit la fin du monde. On n'était pas sûr. La terre passait un cap. On admettait tout mais les ethnies ne survivaient plus et la modernité révélait la pauvreté du monde. La crise économique et sociale demande des mesures. La terre doit s'arrêter. Le ministre suspend la liberté en première mesure et soigné en deuxième. Les chercheurs se demandent s'ils ont pris la bonne solution.

Chapitre 20:

Martin spaars : la marque à la mode

La marque de sport des sportifs inconscients et fébriles d'un sport pratiqué en répétition douloureuse. Une équipe jeune noir fatigué et forte. Le sport de la nouvelle génération à la mode pour un temps mais nécessairement regardé comme le mérite d'avoir la santé. Les sportifs, une nouvelle génération d'athlètes capable de s'entraîner des heures par jour pour faire le show une fois par semaine. Le football a un sens de mérite en 2021. Tous les enfants pratiquaient le sport et on espérait revivre la paix grâce à ce sport fort en technique. Tous les enfants de la rue faisaient foi de devenir les nouvelles stars du foot. L'équipe était fort soudée et vivait une vie exaltante, toutes les filles rêvaient de leur athlète prétentieux.

Chapitre 21 :

La statue de la liberté le Pears blériote

Cette sculpture de fer et de cuivre n'exprimait rien mais avait un sens pour moi désormais. Ma liberté usurpée et cette vie créer pour essayer de survivre à même pas une guerre mais une accalmie. Je m'étais créer un monde à moi et donnait sens aux Etats Unis et je ne savais pas comment à la fin de ce calvaire nous allions représenter la fin de notre monde. Le Blériot je l'imaginais mais je n'arrivais pas à le construire. La statue de la liberté au bord de ce Pears je l'imaginais, je l'admirais mais à présent je devais survivre dans cette haine cette maladie, c'était la guerre des mondes et la famille explosait tout le monde. Comment survivre ? La liberté est un don, la perdre est un fléau et on ne le souhaite à personne. A côté de chez nous, il y a des gens qui meurent de maladie, des guerres de pauvreté. Je ne m'y opposais pas je n'étais pas gilet jaune. La marche pour la liberté devait s'arrêter. Comment améliorer le système pour revivre naturellement la modernité. Il fallait tout connaître, tout savoir. Les pirates arrivent… Une nouvelle génération politique, la sonnette d'alarme sur notre crise sociale et économique.

Chapitre 22 :

La construction d'une cathédrale, un graal, la bénédiction sainte pour un travail dur : La rosace sur mars.

Tout est reconstruit, on a reconstruit toutes les démolitions des guerres. La cathédrale brûle. Où en sommes-nous…Elle était d'une beauté, une merveille du monde. La cathédrale de Reims est ambitieuse. Elle donne une belle image des dieux. Les vitraux sont modernes, on a pu reconstruire les rosaces. C'est un exploit architectural. Ses tours sont tout en hauteur. C'est une sainte bénédiction. Pour un travail technique dur et usant. Les mots ne suffisent plus pour exprimer sa beauté. Elle restera une œuvre sculpturale. C'est un bien pour un mal en l'honneur de dieu.

Chapitre 23 :

Les commissions interventions :

Une trahison d'Etat

On n'y avait pas pensé. Je pensais aux plaies de mon compte bancaire. L'argent devait tous les mois suivre. Puis je faisais une remise en question.

Et là BIG Bam !!

Mon compte avait été cambriolé par une bande de cassos du dix-huitième arrondissement. L'équipe des folles, je vivais à Montmartre le trafic. Il avait créé une boîte commission intervention et me prélevait tous les mois 9€99 sur le compte pour le fait d'avoir habité au moulin rouge. Je n'y pouvais rien. Cette vie de putes, de coke et de fêtes restera gravée dans ma mémoire.

C'était l'orgie.

Après m'en être rendu compte, j'étais remboursé et je vivais plus craintive la suite de ma vie. Personne ne pensait qu'on pouvait vivre sainement les choses alors que maintenant le trafic de sexe tape revivait à côté de chez moi et l'armé a fait fermer toutes les boutiques sexuelles de Montmartre. Je savais qu'il irait un peu plus loin. Mais après ce covid et cette pandémie, il n'était plus acceptable de vivre cette mafia et ce sida.

La culture du riz et du téléphone prennent place dans un monde où l'argent est un jeu et une mort. Plus rien ne va. La terre s'est éteinte par des dignitaires fous et des intégristes résolus à faire comprendre le racisme subis et la faim éprouvée et les nouvelles poubelles électriques.

L'informatique : une échappatoire à la solitude et un revers pour être libre.

Notre sauveur : l'internet

Chapitre 24 :

La fin du contact humain : l'extermination de l'individu, le masque :

Une individualité monstrueuse où en sommes-nous ? Qui va sauver le monde ? Qui sont ces technocrates corrompus qui se joue d'une pandémie pour nous exterminer par nos sens : interdiction du contact humain.

Chapitre 25 :

Le sens de l'argent

Avec la crise covid, on se rend compte que l'être humain n'arrive pas à vivre ses sens. Humainement, l'argent ne survit plus. Elle est invisible, hélicoptère et difficile à surmonter en cette période de guerre et de crise économique. En plus du nouveau système monétaire, l'être humain est interdit de se rencontrer et d'aimer car il meurt de se rapprocher des autres. On extermina un peuple à lui interdire le contact humain. Le social asocial aboutit à une économie morte. Que faut-il faire pour sortir de ce fléau.

Puis revivre la vie culturelle, le masque est sauté, le vaccin est compris. On remonte en gamme, la vie reprend. Pour certain la culture a servi d'échappatoire et on somme par la guerre du pétrole en Russie à vivre difficilement la liberté. Notre société s'arrête là. Le froid nous gagne cet hiver. Le pétrole est trop cher.

Il faut en venir à l'électrique et au retour du bois.

On y a cru au retour de la liberté. Mais à présent on vit une guerre et on voit mort et enfant blessé par des bombes folles des russes sur les ukrainiens. La guerre nous demande de vivre humblement. Les personnes qui vivent seules sont les plus heureuses. Je ne demanderais que cela un travail et un logement. Maintenant je suis face à une autre réalité. Je suis auxiliaire de vie pour garder ma grand-mère qui franchit ses quatre-vingt-douze ans. C'est difficile. Elle fait beaucoup de crises d'être parti du Rhien. Je perds mon logement de famille. Le restaurant est soi-disant vendu. Je dois m'occuper de ma grand-mère qui me cache un Alzheimer ou parkinson. C'est difficile la folie. Cela fait peur. Un lourd labeur que de devoir tout supporter. Je rêve de refaire ma vie. Je rêve d'un homme qui sera là. Il y en a peut-être un. Il est là depuis des millénaires. Je l'aime bien. C'est mon ami. Il est là lors de la chute de la France et des autres états. C'est la guerre mondiale. Comment être heureux à la guerre ? On ne sait pas, la maladie nous sépare mais il y a le sport, la culture et les petits moments à soi où on revit. La vie est comme cela. On sera peut-être plus fort pour l'avenir.

Chapitre 26 : Poème

Les pirates habillés de jaune crient les torpeurs de la
Crise sanitaire et économique
Les cathédrales pansent les plaies des guerres
La plus belle, notre dame de Paris brûle
Les ronds-points bloquent la route
Les gilets jaunes perturbent le court de la vie pour manifester
Tout la France s'arrête
La maladie nous envahit
La grippe frappe à mort
Le Corona nous isole, on ne peut plus   s'approcher

Le vaccin nous sauvera
Mais après le sida, le Corona Plus personne ne s'approche
Le contact humain est perturbé
C'est plus qu'une guerre

C'est   une   épidémie   qui   nous
repousse tous
  L'amour n'est plus là
  La haine a pris le dessus
  Fin heureuse éphémère et mortelle…